Plateforme de la gauche

Projet de thèses
présenté par un groupe de « Gauchistes »
(bordiguistes) à l'occasion du Ve Congrès
du Parti communiste français

PARIS
IMPRIMERIE SPECIALE DE LA LIBRAIRIE DU TRAVAIL
96, quai Jemmapes

1926

Ne pouvant nous exprimer librement dans la presse officielle du Parti nous prenons la décision de faire connaître, par nos propres moyens, notre pensée aux communistes français

UN GROUPE DE MEMBRES
DU PARTI COMMUNISTE FRANÇAIS

Plateforme de la gauche

Projet de thèses
présenté par un groupe de « Gauchistes »
(bordiguistes) à l'occasion du Ve Congrès
du Parti communiste français

PARIS
IMPRIMERIE SPECIALE DE LA LIBRAIRIE DU TRAVAIL
96, quai Jemmapes

1926

Plateforme de la gauche

AVANT-PROPOS

Un document comme celui-ci est difficilement exempt d'une certaine disproportion entre ses différentes parties, la discussion ayant rendu certains points et arguments de plus grande actualité, et en ayant laissé d'autres, quoique de la même importance, plus effacés. Pour compléter la pensée des auteurs de ces thèses, on doit se référer à d'autres textes déjà connus (quoique la consultation n'en soit pas aujourd'hui facile pour tout le monde). Aussi, croyons-nous utile de citer quelques documents de la même tendance, qui n'ont rien perdu de leur valeur.

Thèses de Rome, approuvées par le 2e Congrès du Parti Communiste d'Italie le 26 mars 1922.

Le texte présenté au Congrès a été publié : dans le « *Comunista* » du 31 décembre 1921, n° 67 ; dans le « *Ordine Nuovo* » du 3 janvier 1922, n° 2 ; dans le « *Lavoratore* » du 5 février 1922, n° 4.960 ; dans la « *Rassegna Comunista* » du 31 juillet 1922, n° 26.

Thèses sur la tactique de l'Internationale Communiste présentées au 4e Congrès mondial, publiées :

Dans le « *Stato Operaio* » du 6 mars 1924, n° 6.

Programme d'action du Parti Communiste Italien, présenté au 4e Congrès de l'Internationale Communiste.

Publié dans « *Stato Operario* », n° susdit.

Motion et thèses approuvées par la Conférence Nationale (consultive) du Parti Communiste Italien de mai 1924, publiées dans « *Stato Operaio* » du 18 mars 1924, n° 16.

Thèses sur la tactique de l'Internationale Communiste, présentées au 5e Congrès mondial.

Publiées (en langue française et allemande) dans le *Bulletin* du même Congrès, n° 20 de 18 juillet 1924.

I. — QUESTIONS GENERALES

1° Principes du communisme

La doctrine fondamentale du Parti Communiste français est le marxisme régénéré sur la base duquel — face à l'opportunisme — la 3e Internationale s'est constituée.

Les principaux points en sont :

Le matérialisme dialectique comme système de conception du monde et de l'histoire humaine ; les doctrine économiques fondamentales contenues dans le capital de Marx comme méthode d'interprétation de l'économie capitaliste contemporaine ; les constatations, formules et directives du Manifeste du Parti Communiste, comme précis historique et politique de l'émancipation de la classe ouvrière mondiale. La grandiose expérience victorieuse de la révolution russe et l'œuvre de Lénine, sont chef et maître du communisme international, sont la confirmation, la restauration et le développement conséquent de ce système de principes et de méthodes. N'est pas communiste et ne peut militer dans les rangs de l'Internationale quiconque en repousse une seule partie. Par conséquent, le Parti Communiste condamne les idéologies de la classe dominante, dès les doctrines spiritualistes, réligieuses, idéalistes, en philosophie et réactionnaires en la politique, jusqu'aux doctrines positivistes, voltairiennes, des libres-penseurs, se manifestant dans la franc-maçonnerie, dans l'anti-cléricalisme et dans la démocratie. Il condamne aussi les écoles politiques ayant une certaine influence dans la classe ouvrière, telles que le réformisme social-démocrate, qui conçoit une évolution pacifique et sans lutte armée du pouvoir capitaliste au pouvoir ouvrier et qui accepte la collaboration des classes ; le syndicalisme, qui dédaigne l'action politique de la classe ouvrière et même la nécessité du parti comme suprême organe révolutionnaire ; l'anarchisme, qui nie la nécessité historique de l'Etat et de la dictature prolétarienne comme moyens de transformation. De même, le parti communiste repousse les multiples manifestations tendant à maintenir, sous des apparences communistes, des théories erronées — tendance bâtarde bien connue sous le nom de « centrisme ».

2° La nature du parti

Le processus historique de l'émancipation du prolétariat et de la fondation d'un nouvel ordre social dérive du fait de la lutte de classe. Toute lutte de classe est une lutte politique ou bien tend à aboutir à une lutte pour la conquête du pouvoir politique. Par conséquent, l'organe qui conduit la lutte de classe à la victoire finale, est le parti politique de classe, seul instrument possible, d'abord de l'insurrection révolutionnaire, et ensuite de gouvernement. De ces affirmations élémentaires et géniales de Marx, que Lénine a fait ressortir avec la plus claire évidence, découle la définition du parti comme organisation de tous ceux qui sont conscients du but historique de la classe révolutionnaire et qui sont décidés à agir pour la victoire de celle-ci. Grâce au parti, la classe ouvrière connaît sa route et acquiert la volonté de la parcourir. Donc, dans les phases successives de la lutte, le parti représente historiquement la classe, tout en n'ayant dans ses propres rangs qu'une fraction plus ou moins grande de cette classe. C'est le sens de la définition du parti donnée par Lénine au 2e Congrès mondial.

Cette conception de Marx et de Lénine s'oppose à celle, parfaitement opportuniste, du parti travailliste, auquel participent de droit tous les prolétaires. Il est clair que dans un tel parti numériquement plus fort, peuvent et dans certaines situations doivent prévaloir des inflences contre-révolutionnaires bourgeoises représentées par des organisateurs et des chefs provenant indifféremment du prolétariat ou de la bourgeoisie. Marx et Lénine n'ont pas seulement combattu cette grave erreur théorique, mais ils n'ont pas hésité à briser la fausse unité prolétarienne pour assurer, lorsque l'activité sociale du prolétariat était affaiblie, par de petits groupes de défenseurs du programme révolutionnaire, la continuité de la fonction politique du parti, dans la préparation des batailles successives du prolétariat. C'est là la seule voie possible pour obtenir dans l'avenir le rassemblement de la majorité des ouvriers autour de la direction et sous la bannière d'un parti communiste capable de lutter et de vaincre.

Une organisation *immédiate* de tous les travailleurs ne peut s'élever à des tâches politiques ou révolutionnaires, tant que les groupes professionnels ou locaux isolés ne luttent que pour la satisfaction d'exigences limitées, déterminées par les conséquences directes de l'exploitation capitaliste. Mais dans un parti politique, défini par la volonté « politique » de ses membres, se réalise la synthèse de ces impulsions particulières en une action générale au cours de laquelle des individus et des groupes réussissent à vaincre tout particularisme en consentant à tous les sacrifices pour le triomphe final de la classe ouvrière. La définition du parti comme parti de la classe ouvrière n'a pas, dans Marx et Lénine, une valeur « constitutionnelle ». Elle dépend de l'affirmation des « fins historiques » du prolétariat.

Toute conception des problèmes d'organisation du parti qui ramènerait à l'erreur de la conception labouriste substitue une vision démocratique à une vision révolutionnaire, attribue plus d'importance à des schémas utopiques qu'à la réalité dialectique du conflit des classes, et représente donc un danger de rechute dans l'opportunisme.

Quant aux moyens de parer à la dégénérescence du mouvement révolutionnaire et d'assurer cette intelligence politique nécessaire chez les chefs et chez les adhérents, ils ne dépendent pas d'une fomule d'organisation. On ne peut dire non plus que seul l'ouvrier peut être communiste. Cette formule se heurte à l'expérience de certains partis. La garantie dont il s'agit doit être cherchée ailleurs si on ne veut pas contredire le postulat marxiste fondamental : *La Révolution n'est pas une question d'organisation*, postulat dans lequel se résume tout le progrès réalisé par le socialisme scientifique sur les premières folies de l'utopisme.

En partant de ces conceptions sur la nature du parti de classe, nous résoudrons les questions actuelles d'organisation interne de l'Internationale et du parti.

3° L'ACTION ET LA TACTIQUE DU PARTI

Savoir comment le parti agit sur la situation et sur les autres groupements, organes, institutions, de la société dans laquelle il se meut, est la question primordiale de la tactique, dont les éléments généraux doivent être rétablis en accord avec l'ensemble de nos principes. On précisera ensuite les formes d'action concrète relatives aux problèmes pratiques et aux phases successives du développement historique.

En assignant au parti révolutionnaire son poste et sa tâche dans la genèse d'une société nouvelle, la doctrine marxiste fournit la plus brillante des solutions du problème de la liberté et de la détermination dans l'activité de l'homme. Par rapport à l'abstraction « individu » ce problème fournira encore pour longtemps de la matière aux élucubrations métaphysiques des philosophes de la classe dominante et décadente. Le marxisme l'étudie à la lumière d'une conception scientifique et objective de la société et de l'histoire.

De même que l'opinion que l'individu agit sur le monde extérieur en le déformant et le façonnant à son plaisir par une puissance d'initiative d'origine divine est extrêmement éloignée de notre conception, de même nous devons condamner la conception volontariste du parti, suivant laquelle un petit groupe d'hommes imposent une doctrine au monde par un effort gigantesque de volonté, d'activité, d'héroïsme.

D'autre part, c'est une interprétation erronée et ridicule du marxisme que de penser que le processus de l'histoire et de la révolution se développant d'après des lois fixes, il ne nous reste qu'à rechercher objectivement quelles sont ces lois et à tenter de formuler des prévisions sur l'avenir sans agir, conception fataliste qui aboutit à annuler la nécessité du parti.

Le déterminisme marxiste est également supérieur à ces deux conceptions dans sa puissante originalité. La solution donnée au problème est dialectique et historique. Précisément parce qu'elle n'est pas abstraite, et elle n'a pas la prétention de fournir une seule réponse bonne pour tous les temps et pour tous les lieux.

Si le développement actuel de la science ne permet

pas la recherche complète des causes qui poussent l'individu à agir, en partant des faits physiques et biologiques pour aboutir à une science des activités psychologiques, le problème se résoud cependant dans le domaine de la sociologie en appliquant à celle-ci, comme le fit Marx, les méthodes de la science positive et expérimentale que le socialisme accepte pleinement, qui ne se confondent pas avec le pseudo-matérialisme et positivisme adopté par la bourgeoisie. On arrive ainsi dans une certaine mesure à éliminer le caractère indéterminé de l'évolution de chaque individu, en tenant compte des influences réciproques des individus par l'étude critique de l'économie et de l'histoire, après avoir nettoyé le terrain de tout vestige d'idéologies traditionnelles. De ce point de départ le marxisme parvient à établir un système qui n'est pas un catéchisme immuable et fixe, mais un instrument vivant pour connaître et pour suivre les lois du processus historique. La base en est la découverte de Marx du déterminisme économique. L'étude des formes et des rapports économiques et du développement des moyens techniques de production nous offrent la plateforme, objective sur laquelle on peut solidement appuyer l'étude des lois de la vie sociale et dans une certaine mesure la prévision de son développement successif.

Tout cela étant rappelé, il faut préciser que la solution finale n'est pas une formule intangible sur laquelle, la clef universelle une fois trouvée, en laissant se développer les phénomènes économiques, se déterminera simplement une série prévue de faits politiques. Si notre critique précise la valeur exacte de l'action des individus, détermine ses mobiles et ses perspectives, elle n'aboutit pas à la négation de la nécessité pour le parti de classe d'avoir sa propre initiative et sa propre volonté.

La solution de ce problème est formulée à plusieurs reprises dans nos textes fondamentaux. L'humanité, les classes, les partis et les Etats, évoluent conformément aux lois économiques qu'ils ignorent. Ces groupements étaient aussi privés de la connaissance théorique du processus économique et de la possibilité de le diriger. Mais pour le prolétariat, pour les groupements politiques, parti et Etat, qui doivent émaner de lui, le problème se modifie. Cette classe est la première qui ne soit pas poussée à baser la victoire sur la consolidation de privilèges sociaux et sur une division des classes. Et en même temps elle est la première qui possède une doctrine du développement économique et social : le communiste marxiste. Pour la première fois, une classe combat pour la suppression des classes en général, pour la suppression de la propriété privée des moyens de production, et non pour une simple transformation des formes sociales de cette propriété. Le programme du prolétariat est en même temps que son émancipation propre, l'émancipation de la collectivité humaine de l'esclavage des lois économiques, qu'il comprend aujourd'hui, pour les dominer plus tard dans une économie scientifique, subissant l'intervention directe de l'homme.

Pour cela et dans ce sens, Engels écrivait que la révolution prolétarienne signifie le passage de l'ère de la nécessité dans celle de la liberté. Cela n'est pas ressusciter le Mythe de l'individualisme qui veut libérer le MOI humain des influences extérieures, cependant qu'au contraire la vie de l'individu devient de plus en plus impossible à distinguer d'une vie collective. Le problème est porté ailleurs, et la liberté et la volonté sont attribuées à une classe destinée à devenir le groupement unitaire humain même, préparé à la lutte contre les seules forces adverses du monde physique.

Seule l'humanité prolétarienne, de laquelle nous sommes encore loin, sera libre et capable d'une volonté qui ne soit pas une illusion sentimentale, mais une capacité d'organiser et de diriger l'économie dans le plus large sens du mot. Si aujourd'hui la classe ouvrière est, quoique moins que les autres classes, *déterminée* dans les limites de la propre action par les influences étrangères à elle, l'organe, par contre, qui représente son maximum de possibiltés, est le parti politique : pas un parti quelconque, mais le parti de la classe prolétarienne, le parti communiste.

Une telle volonté dans le parti, ainsi que sa conscience et sa préparation théorique, sont des fonctions précisément collectives du parti. L'activité de ses chefs est la meilleure manifestation de ses facultés collectives. La conception marxiste du parti et de son action repousse, ainsi que nous avons énoncé, le fatalisme contemplatif des phénomènes sur lesquels il ne peut influer d'une façon directe, et la conception individualiste suivant laquelle la préparation théorique, la force de volonté, l'esprit de sacrifice, devraient être exigés indistinctement de chaque militant individuel du parti, réduisant celui-ci à une élite de caractères intellectuels et moraux.

En solutionnant entre elles-mêmes la question générale de la tactique sur le même terrain que celle de la nature du parti, il faut distinguer la solution marxiste, de la négligence doctrinaire de la réalité de la lutte de classe, qui se couvre d'élucubrations abstraites et qui laisse de côté l'activité concrète, de l'esthétisme sentimental qui voudrait, par des gestes bruyants et des attitudes héroïques de minorités réduites, déterminer de nouvelles situations et de nouveaux mouvements historiques, et aussi de l'opportunisme qui tranche le lien avec les principes, et c'est-à-dire, se contente de s'agiter pour des revendications limitées et isolées sans se demander si elles contrecarrent la préparation des suprêmes conquêtes de la classe ouvrière. L'erreur de la politique anarchiste apparaît en même temps comme incapable de comprendre les étapes de l'évolution historique réelle. Elle à l'illusion volontariste de dépasser les processus sociaux, par l'efficacité de l'exemple et du sacrifice d'un homme ou d'un petit nombre. L'erreur de la politique social-démocrate se rattache à une fausse conception fataliste du marxisme suivant laquelle la révolution mûrira lentement et pour son compte sans une intervention insurrectionnelle de la volonté prolétarienne, comme un pragmatisme volontariste qui, ne sachant renoncer aux effets immédiats de son initiative et de son intervention quotidienne, se contente de lutter pour des objectifs qui n'intéressent qu'apparemment les groupes du prolétariat, mais dont la réalisation satisfait le jeu conservateur de la classe dominante au lieu de servir à la préparation de la victoire du prolétariat : réformes, concessions, avantages partiels économiques et politiques obtenus du patronat et de l'Etat bourgeois.

Une introduction artificielle dans le mouvement de classe de suggestions théoriques de la « moderne » philosophie volontariste et pragmatiste à bases idéalistes (Bergson, Gentile, Croce) ne peut être considérée comme une réaction contre le réformisme, du fait que celui-ci montre certaines sympathies pour le positivisme bourgeois, car elle prépare seulement de nouvelles affirmations opportunistes.

L'activité du parti ne peut se limiter ni à la conservation des principes théoriques et des cadres d'organisation, ni à l'obtention à tout prix de succès immédiats et de résultats numériques. Elle se résume à tout moment et dans toutes les situations en les trois points suivants :

a) La défense et la précision de l'interprétation théorique du mouvement de la classe ouvrière ;

b) L'affermissement de l'organisation du parti et sa défense contre la corruption par les influences étrangères ou opposées à l'intérêt révolutionnaire du prolétariat ;

c) La participation active à toutes les luttes de la classe ouvrière même suscitées par des intérêts partiels et limités, pour en faciliter le développement, mais en y apportant constamment l'affirmation des buts définitifs révolutionnaires et en présentant les conquêtes de la lutte de classe comme des étapes vers l'indispensable lutte de l'avenir, en dénonçant le péril de considérer les réalisations partielles comme des buts suprêmes.

Le but suprême de cette activité complexe du parti est de préparer les conditions de préparation du prolétariat, dans le sens que celui-ci soit capable de profiter des possibilités révolutionnaires objectives, dès que celles-ci se présenteront, et de la sorte, à sortir victorieuses de la lutte.

Sur ces bases, on peut répondre aux questions sur les rapports entre le parti et les masses prolétariennes, entre le parti et les autres partis politiques, ainsi qu'entre le prolétariat et les autres classes sociales.

Il faut considérer comme erronée la formule tactique

qui dit : tout véritable parti communiste doit savoir être *dans chaque situation* un parti de masse : ou bien avoir des effectifs extrêmement nombreux et une influence politique extrêmemcnt large sur le prolétariat, au moins supérieures à celles des autres partis soi-disant ouvriers. Cette formule est une caricature de la thèse de Lénine, qui a établi, en 1921, un mot d'ordre pratique extrêmement juste : c'est-à-dire qu'il ne suffit pas, pour la conquête du pouvoir, d'avoir formé de « véritables » partis communistes et de les lancer à l'offensive insurrectionnelle, mais qu'il faut avoir des partis possédant une forte influence sur le prolétariat. Cette formule équivaut à l'affirmation que dans la période précédant la conquête du pouvoir, le parti doit avoir avec lui les masses, doit surtout conquérir les masses. Dans cette formule, il n'y a que dans une certaine mesure l'expression de *majorité* des masses, qui est périlleux, parce qu'elle expose ou a exposé aux léninistes « de la lettre » au danger d'interprétations théoriques et tactiques social-démocrates. En écartant le danger d'engager des actions désespérées, avec des forces insuffisantes et dans des moments non opportuns, elle donne accès à l'autre péril d'atermoiement d'une action, lorsque celle-ci est possiblb et nécessaire, quand il faudra l'affronter avec une décision et une volonté vraiment « léninistes ».

Mais cette formule que le parti doit, à la veille de la lutte pour le pouvoir, avoir avec lui les masses, par la sotte interprétation des pseudo-léninistes d'aujourd'hui, est devenue une formule opportuniste, lorsqu'ils affirment que le parti doit être un parti de masse « dans toute situation ».

Il y a des situations objectivement défavorables à la révolution et éloignées d'elle par le rapport des forces (tout en pouvant en être moins éloignées que d'autres dans le temps, parce que l'évolution historique — c'est du marxisme — n'est pas un mouvement uniforme dans lequel la volonté d'avoir à tout prix l'influence politique prépondérante, ne peut être obtenue que par la renonciation aux principes et aux méthodes communistes et par une politique social-démocrate et petite-bourgeoise. Il faut dire à haute voix que dans certaines situations passées, présentes et futures, le prolétariat a été, est et sera nécessairement dans sa majorité sur une position non-révolutionnaire, d'inertie ou de collaboration avec l'ennemi, suivant les cas ; et que, malgré tout, le prolétariat reste partout et toujours la seule classe révolutionnaire. Mais il faut que dans son sein, le parti communiste, sans jamais renoncer à toutes les possibilités de manifestation, ne s'engage pas dans les voies faciles qui le feraient dévier de sa tâche et qui enlèveraient au prolétariat le point d'appui indispensable. Par ces principes marxistes, et non par une vague morale sentimentale, on repoussera l'absurde affirmation opportuniste qu'un parti communiste est libre d'adopter tous les moyens et toutes les méthodes. On dit que le parti étant vraiment communiste, c'est-à-dire sain dans les principes et dans l'organisation, il peut se permettre toutes les acrobaties dans la manœuvre politique. Mais on oublie que le parti est pour nous à la fois facteur et produit du développement historique.

Le prolétariat ne sera pas influencé par les justifications tordues que les chefs du parti présentent, pour certaines « manœuvres », mais par les effets réels de ces manœuvres. C'est seulement en évitant les voies mauvaises par un programme d'actions précis et respecté, que le parti se garantira contre la dégénérescence, et non par des « *credo* » théoriques et des mesures organiques.

Une autre erreur dans la question générale de tactique, qui reconduit nettement à la position classique opportuniste, démasquée par Marx et par Lénine, est l'affirmation que le parti, lorsque des luttes de classes et de partis se produisent, qui ne sont pas encore celles de la classe ouvrière, doit choisir entre les deux forces en lutte, celle qui représente l'élément le plus favorable à l'évolution historique générale et doit plus ou moins ouvertement se coaliser avec elle.

Une semblable politique est vaine, surtout parce que le schéma d'une évolution sociale et politique fixée dans tous ses détails préparant l'avènement final du communisme, est une conception que seuls les opportunistes ont voulu prêter au marxisme. C'est la base des insultes des Kautsky contre la révolution russe et le mouvement communiste actuel. On peut avancer que des conditions plus propices au travail fécond du parti communiste se présentent dans les régimes bourgeois les plus démocratiques. Mais s'il est vrai que des mesures réactionnaires ont arrêté plusieurs fois le prolétariat, il n'en est pas moins vrai, et ce fut beaucoup plus fréquemment, que la politique libérale des gouvernements bourgeois a bien des fois apaisé la lutte de classe et dévoyé la classe ouvrière. La bourgeoisie réussit souvent à changer de méthodes et de gouvernements suivant son intérêt contre-révolutionnaire ; tandis que toute notre expérience nous montre que l'opportunisme a toujours concentré l'attention du prolétariat sur les péripéties successives de la politique bourgeoise.

Même s'il était vrai que certaines formes de gouvernements facilitent le développement ultérieur de l'action du prolétariat, l'expérience montre que cela est soumis à une indispensable condition : l'existence d'un parti qui prépare les masses à la désillusion qui suivra, ce qui se présente comme un succès immédiat ; et non seulement la simple existence du parti, mais sa capacité d'agir, d'une façon clairement indépendante, aux yeux du prolétariat.

Le parti communiste, en présence de luttes qui ne préparent pas à la lutte définitive pour la victoire prolétarienne, ne s'occupera pas de réalisations n'intéressant pas directement la classe ouvrière.

Contre les exigences de ce programme d'action, on évoque souvent à tort la formule de Marx que « les communistes appuient tout mouvement dirigé contre les conditions sociales existantes », et toute la doctrine de Lénine contre la « Maladie Infantile du Communisme ». L'argumentation basée sur ces opinions de nos maîtres ne diffère pas, dans sa nature intime, de l'opération analogue toujours menée par les réformistes et par les centristes, qui, au nom de Marx et de Lénine, — que leurs chefs s'appellent Bernstein ou Nenni — ont prétendu ridiculiser les révolutionnaires marxistes.

Deux observations doivent être faites : les opinions de Marx et de Lénine ont une valeur historique, et se rapportent pour Marx à l'Allemagne, non encore bourgeoise, et pour l'expérience bolchevique exposée par Lénine dans son livre, à la Russie tsariste. La question tactique n'est pas la même dans les conditions classiques, prolétariat en lutte avec une bourgeoisie capitaliste tout à fait développée.

Par rapport à l'appui dont parle Marx et les « compromis » dont parle Lénine, l'intervention du parti communiste se produit comme une intervention sur le terrain de la guerre civile. Ainsi dans la formule léniniste sur la question paysanne et nationale, dans l'affaire Kornilov et dans cent autres. Mais le sens de la critique de Lénine contre l'infantilisme et de tous les textes marxistes sur la souplesse de la politique révolutionnaire n'est pas en contradiction avec la barrière volontairement élevée par les mêmes contre l'opportunisme, qui est par Engels et par Lénine, défini par l' « absence de principes », c'est-à-dire par l'oubli du but final.

Ce serait s'opposer à Lénine et à Marx que de préparer la tactique communiste par une méthode non dialectique, mais formelle. Il ne faut pas commettre sur la tactique la faute que les anarchistes et les réformistes commettent sur les principes. Il leur paraît en effet absurde que la suppression des classes et du pouvoir d'Etat soit préparé par la prédominance de la classe prolétarienne et par l'Etat dictatorial prolétarien, que l'abolition de toute violence sociale se réalise par l'emploi de la violence offensive et défensive, destructrice du pouvoir actuel de la bourgeoisie. Ainsi, ne faut-il pas affirmer qu'un parti révolutionnaire doit être à tout moment pour la lutte sans compter les forces des amis et des ennemis ; que d'une grève par exemple, un communiste ne peut envisager que la continuation à outranec, qu'un communiste doit fuir certains moyens « immoraux », comme la dissimulation, l'astuce, l'espionnage, etc... La critique de Marx et de Lénine constitue l'effort le plus solide pour éliminer ces facteurs sots et sentimentaux de la solution des problèmes de tactique. Cette critique est définitivement acquise à l'expérience du mouvement communiste. Un exemple des erreurs de déduction tactique qu'elle permet d'éviter est celui que nous devions soutenir la scisson des syndicats conquis par les jaunes, étant pour la scission politique des communistes et des opportunistes.

Il faut observer que l'on continue à affirmer que l'extrême gauche a fondé ses conclusions sur de telles erreurs. Mais cette critique de l'infantilisme ne signifie pas que la tactique doit être régie par l'arbitraire, et que tous les moyens soient bons pour nos buts. Dire que la garantie contre les déviations est dans la nature révolutionnaire du parti, et dans la brillante tradition de ses hommes et groupes est un jeu de mots non marxistes, qui oublie la répercussion que les moyens mêmes de son action ont sur le parti dans le jeu dialectique des causes et des effets, — et la vanité des « intentions » des individus et des groupes.

Lénine dit dans son livre sur la *Maladie Infantile* que les moyens tactiques doivent être choisis d'avance pour la réalisation du but final révolutionnaire, par une claire vision historique de la lutte du prolétariat et de son aboutissement, et qu'il serait absurde d'écarter un certain expédient tactique seulement parce qu'il semble « laid » ou parce qu'il mérite la définition de « compromis » : il faut au contraire établir si ce moyen répond ou non au but. Ce problème est toujours posé pour le parti et l'Internationale Communiste. Si nous pouvons dire que sur le problème des principes théoriques, après Marx et Lénine, nous sommes en possession d'un riche héritage, sans vouloir dire que toute tâche de nouvelle recherche théorique soit finie pour le communisme, il n'en est pas de même pour la tactique, même après la révolution russe et l'expérience des premières années de vie de la nouvelle Internationale, à laquelle Lénine a manqué trop tôt. Le problème de la tactique, beaucoup plus ample que les ripostes simplistes et sentimentales des « infantilistes » ne la présentent, doit être encore étudié par la contribution de tout le mouvement communiste international, fort de toute son expérience ancienne et récente. Ce n'est pas se dresser contre Marx et Lénine que d'affirmer qu'il sera résolu par des règles d'action, non fondamentales comme les principes, mais obligatoires pour les simples militants et pour les organes dirigeants du mouvement. Il faut observer les possibilités diverses de développement des situations pour tracer avec toute la précision possible dans quel sens devra agir le parti dans chaque cas déterminé.

L'examen et la compréhension de la situation sont des éléments nécessaires des décisions tactiques, mais non pas en tant qu'ils permettent à l'arbitraire des chefs, à se livrer à des « improvisations » et à des « surprises », mais dans ce sens qu'ils signaleront au mouvement que l'heure est venue d'une action *prévue* dans la plus grande mesure possible. Nier la possibilité de prévoir les grandes lignes de la tactique, de prévoir ce que nous devrons faire dans les différentes hypothèses possibles sur le développement des situations objectives, signifie nier la tâche du parti. Le parti n'est pas une armée, une institution d'Etat, un organe dans lequel l'autorité hiérarchique est prédominante et celle de l'adhésion volontaire insignifiante ; il est évident qu'il reste aux membres toujours une voie pour la désobéissance aux ordres, contre laquelle il n'y a pas de sanction matérielle possible : la sortie du parti. La bonne tactique est celle qui, au développement des situations, quand le centre dirigeant n'a pas le temps de consulter le parti et encore moins les masses, ne mène pas au sein du parti même et du prolétariat à des répercussions inattendues pouvant se développer dans un sens opposé à l'affirmation révolutionnaire. L'art de prévoir comment le parti réagira aux ordres et quels ordres obtiendront la bonne réaction est l'art de la tactique révolutionnaire ; elle dépend de l'utilisation collective des expériences d'action du passé, résumée en règles claires d'action. En confiant le soin de leur exécution à leurs dirigeants, les membres du rang s'assurent que ceux-ci ne trahissent pas leur mandat. Nous n'hésitons pas à dire que le parti même étant quelque chose de perfectible et non pas de parfait, beaucoup doit être sacrifié à la clarté des règles tactiques, même si cela comporte une certaine schématisation : quand les situations rompent de force les schémas tactiques préparés par nous, on n'y portera pas remède en tombant dans l'opportunisme et dans l'ecclectisme, mais il faudra accomplir un nouvel effort pour adapter la ligne tactique aux tâches du parti. Ce n'est pas seulement le bon parti qui donne la bonne tactique, mais c'est aussi la bonne tactique que fait le bon parti, et la bonne tactique ne peut être que celle qui est comprise et choisie par tous dans les lignes fondamentales.

Nous nions qu'on puisse amoindrir l'effort et le travail collectif du parti pour définir les règles de la tactique en demandant une obéissance pure et simple à un homme ou à un comité ou à un parti de l'Internationale et à son appareil dirigeant.

L'action du parti devient de la *stratégie* aux moments de la lutte pour le pouvoir, qui prend un caractère militaire. Dans les situations précédentes, l'action du parti ne se réduit cependant pas à la simple fonction idéologique, de propagande et d'organisation, mais consiste, ainsi qu'on l'a dit, à participer et à agir dans les différentes luttes du prolétariat. Le système des règles tactiques doit donc être édifié précisément dans le but d'établir suivant quelles conditions l'intervention du parti dans des mouvements semblables, mène au but final révolutionnaire, et garantit en même temps le progrès utile de la préparation idéologique, d'organisation et de tactique.

Dans les points suivants, nous exposerons, en face des divers problèmes, comment se présente cette élaboration des différentes règles d'action communiste dans la période actuelle.

II. — QUESTIONS INTERNATIONALES

1° Constitution de la IIIe Internationale

La crise de la IIe Internationale, déterminée par la guerre mondiale, a eu, par la constitution de la IIIe Internationale une solution définitive dans le sens de la restauration de la doctrine révolutionnaire, mais pour les problèmes d'organisation et de tactique, la formation du Comintern, si elle représente une très grande conquête historique, ne leur a pas apporté une solution également définitive.

L'élément fondamental de la IIIe Internationale a été la Révolution Russe, première grande victoire du prolétariat mondial. Etant donné les conditions sociales de la Russie, la Révolution russe n'a pas donné la formule historique générale pour les révolutions des autres pays. C'est-à-dire que son expérience ne peut suffire pour la solution des problèmes tactiques de tout le prolétariat mondial. Dans le passage du pouvoir féodal autocratique à la dictature prolétarienne, nous remarquons en Russie l'absence de l'étape du pouvoir politique de la classe bourgeoise organisé solidement avec son appareil étatique propre.

C'est par cela même que la conception marxiste a eu, dans la Révolution russe, sa confirmation historique la plus grandiose. C'est par cette expérience que le révisionnisme social démocratique a été mis en déroute sur le terrain des principes. Mais sur le terrain de l'organisation, la lutte contre la IIe Internationale, qui est une des formes de la lutte contre le capitalisme mondial, n'a pas eu un succès décisif, et l'on a commis maintes fautes qui n'ont pas permis aux Partis Communistes d'atteindre le degré de développement que permettaient les conditions objectives.

Il faut en dire autant sur le terrain tactique où l'on a résolu et où l'on résoud aujourd'hui insuffisamment maints problèmes qui se jouent sur le même échiquier concernant la Bourgeoisie, l'Etat bourgeois moderne et parlementaire avec un appareil historiquement stable, le prolétariat. Les Partis Communistes n'ont pas toujours obtenu tout ce qu'il était possible d'obtenir pour les conquêtes du prolétariat sur le capitalisme, et la liquidation des partis social-démocratiques, organes politiques de la contre-révolution bourgeoise.

2° Situation économique et politique mondiale

La situation internationale paraît aujourd'hui moins favorable au prolétariat qu'elle ne l'était pendant les premières années de l'après-guerre. Dans le domaine économique, nous assistons à une stabilisation partielle du capitalisme. Le mot « stabilisation » ne signifie d'ailleurs que la fin des perturbations de quelques parties de la structure économique, et non l'impossibilité de nouvelles perturbations se représentant, même dans un très bref délai. La crise du capitalisme est toujours ouverte et elle s'aggravera inévitabement jusqu'à sa fin. Sur le terrain politique, nous assistons à un affaiblissement du mouvement révolutionnaire ouvrier dans presque tous les pays économiquement développés, contrarié du reste heureusement par la consolidation de la Russie Soviétique, et par les assauts des peuples coloniaux contre les nations capitalistes.

Une telle situation présente ce danger que, si l'on suit la méthode erronée qui veut faire dépendre la tactique des situations, on verra s'affirmer une tendance au menchevisme dans l'évaluation des possibilités de l'action prolétarienne. D'ailleurs, il y a un danger, que par l'affaiblissement de cette action essentiellement de classe dans la politique générale du Comintern, disparaissent les conditions préconisées par Lénine pour une application correcte de la tactique au sein des masses paysannes et au cours des mouvements nationaux.

A la suite de l'offensive prolétarienne d'après guerre, nous avons assisté à une offensive patronale à laquelle le Comintern répondit par le mot d'ordre du front unique. Ensuite, se posa le problème de l'ère pacifico-démocratique dans plusieurs pays, qui fut justement signalé par le camarade Trotzky comme un danger de dégénérescence de notre mouvement. Il faut écarter l'interprétation de la situation qui pose comme une question primordiale pour le prolétariat la lutte entre les deux partis de la bourgeoisie, la droite et la gauche, que l'on définit comme strictement dépendante de certaines conditions sociales.

La vérité, c'est que la classe dominante dispose de plusieurs méthodes de gouvernement et de défense que l'on peut réduire à deux : systèmes réactionnaire et démocratique.

La thèse de Lénine sur l'impérialisme nous démontre que se basant sur l'anlyse économique, les groupes les plus modernes de la bourgeoisie tendent, non pas seulemnt à unifier le mécanisme productif, mais même leur défense politique avec des moyens plus décisifs.

Ce n'est pourtant pas exact d'affirmer qu'inévitablement le comunisme passe par l'étape du gouvernement bourgeois de gauche. Dans les cas particuliers où cette éventualité se présentera, la condition de la victoire prolétarienne sera dans la lutte du parti contre les illusions provoquées par un gouvernement de gauche, sans atténuer son opposition aux formes politiques démocratiques, même en face de menaces de succès réactionnaires.

3° Méthode de travail de l'Internationale

Une des tâches les plus importantes de l'Internationale Communiste a été de dissiper la défiance du prolétariat à l'égard de l'action politique, défiance provoquée par les dégénérescences de l'opportunisme.

Le marxisme ne parle pas de la politique comme d'un art et d'une technique vulgaires, qui se réalisent dans les ruses de la manœuvre parlementaire et diplomatique acceptable par tout parti politique. La politique prolétarienne s'oppose à la méthode de la politique bourgeoise, pour arriver au plus haut point dans l'art de l'insurrection révolutionnaire. Cette différence essentielle, dont nous omettons une plus ample étude théorique, c'est une condition nécessaire pour une liaison solide entre le prolétariat révolutionnaire et son état-major communiste, et pour l'encadrement de ce dernier.

La pratique du travail de l'Internationale est aujourd'hui contraire à cette nécessité révolutionnaire. Dans les rapports entre les organes du mouvement communiste, prévaut maintes fois une politique à double face, une subordination des thèses théoriques aux mouvements occasionnels, un système d'accords et de conventions entre individus qui, dans ses résultats, car il ne réussit pas à traduire heureusement des rapports entre les partis et les masses, a provoqué de graves déceptions.

Dans les grandes et fondamentales décisions de l'Internationale, rentre même très souvent, et avec une extrême facilité, l'élément d'improvisation et de surprise, le changement de programme, qui désoriente les militants et tous les prolétaires.

Tout cela se produit par exemple dans la plupart des crises intérieures des partis, résolues au sein d'organes et congrès internationaux par des pénalités dont *on* frappe les différents groupes dirigeants, mais qui n'ont aucune influence utile sur le développement réel des partis.

4° Questions d'organisation

Ce qui dans la constitution du Comintern, eût beaucoup d'importance, ce fut de considérer qu'une large centralisation des forces révolutionnaires, était urgent, puisque l'on prévoyait, à ce moment, un développement plus rapide des possibilités objectives. Pourtant, on a pu constater ensuite qu'il aurait été plus convenable de procéder avec une rigueur plus grande. En effet, la formation des partis et la conquête des masses n'ont été favorisées ni par des concessions à des groupes syndicalistes, et anarchistes, ni par les compromis basés sur les 21 conditions avec les centristes, ni par les fusions organiques avec partis ou fractions de partis conquises par le noyautage politique, ni enfin par la tolérance d'une double organisation communiste dans quelques pays, avec des partis sympathisants.

Le mot d'ordre de l'organisation des partis sur la base des cellules d'entreprises lancé après le 5e Congrès, n'atteignit pas son but de supprimer les défauts unanimement reconnus dans les sections de l'Internationale.

En général, ce mot d'ordre prête à de très grandes erreurs et à une déviation du postulat marxiste ; la révolution n'est pas une question de forme d'organisation. Des thèses de Lénine, il ressort qu'une solution d'organisation ne saurait jamais être valable pour toutes les époques ni pour tous les lieux.

Par rapport aux partis qui agissent à l'époque actuelle dans des pays bourgeois à régime parlementaire consolidé, le type d'organisation par cellules est évidemment moins favorable que l'organisation sur base territoriale. C'est une erreur théorique d'affirmer que le parti à base territoriale est un parti social-démocratique, tandis que le parti basé sur les cellules est un vrai parti communiste. Pratiquement, ce dernier ne peut assurer aussi facilement que l'autre son rôle d'union des groupes prolétaires sans distinction de catégorie et d'industrie, rôle d'autant plus important que la situation est défavorable et que les chances d'organisation prolétarienne sont diminuées. Différents inconvénients pratiques naissent de l'organisation sur la base exclusive des cellules. La question se posait d'une autre façon dans la Russie tsariste à cause de différents rapports entre patronat, industriels et Etat ; le danger corporatif étant moins grave, car la question de la prise du pouvoir se posait immédiatement.

Le système de cellules n'augmente pas l'influence des ouvriers dans le Parti, car les organes supérieurs sont formés d'éléments non ouvriers ou ex-ouvriers, qui constituent l'appareil des fonctionnaires. Etant donné les défauts de la méthode de l'Internationale, le mot d'ordre de la bolchevisation, dans ses aspects d'organisation, correspond à une application servile et vaine de l'expérience russe et aboutit déjà, dans maints pays, à l'étouffement, même involontaire, des initiatives et énergies spontanées de la classe ouvrière, par la compression d'un appareil dont la sélection et la fonction dépendent de critères le plus souvent artificiels.

En conservant au parti l'organisation de base territoriale, nous ne renonçons pas à des organes du parti dans les usines. Ces organes doivent être les groupes communistes liés au parti et dirigés par lui-même, et introduits dans l'encadrement syndical du parti. Ce système résout beaucoup mieux le contact avec les masses et conserve plus à l'abri l'organisation fondamentale du parti.

5° Discipline et fraction

Un autre aspect de la bolchevisation est celui qui fait résider toute garantie de la force du parti dans la seule coercition disciplinaire et dans une sévère interdiction du fractionnisme. Le dernier juge pour toutes les questions controversées est l'organe central international dans lequel on attribue, sinon statutairement, du moins politiquement, la prépondérance au Parti Communiste russe. Cette garantie, en effet, n'existe pas. Dans la pratique, on n'a pas encouragé les formes occultes et hypocrites. Au point de vue historique, on n'a pu surmonter les fractions dans le parti russe, ni au moyen d'un expédient, ni au moyen d'une formule magique, mais au contraire par une heureuse façon de poser les problèmes de doctrine et d'action politique.

Les actions disciplinaires sont un des éléments qui offrent une garantie contre les dégénérescences, à la condition que leur application demeure exceptionnelle, et ne devienne pas la méthode idéale du fonctionnement du parti.

La solution ne réside pas dans une inutile exaspération de l'autoritarisme hiérarchique, autoritarisme dépourvu de l'infaillibilité initiale, car on ne peut pas considérer comme définitives les grandioses expériences historiques russes, et même dans la vieille garde, conservatrice des traditions bolcheviques, s'élèvent des différends auxquels on n'a pas donné, à priori, une solution excellente. Cette solution ne réside pas dans une application systématique de la démocratie formelle qui, pour le marxisme, n'est que le principe d'organisation le plus favorable. Les partis communistes doivent réaliser un centralisme organique, qui, par le maximum possible de consultations de la base, assure l'élimination spontanée de tout groupement ayant tendance à se différencier de l'ensemble du parti. On peut obtenir tout cela par des prescriptions statutaires formelles et mécaniques, mais aussi, comme le dit Lénine lui-même, par la juste politique révolutionnaire.

La répression du fractionnisme n'est pas une condition fondamentale de l'évolution du Parti. Il devrait au contraire être paré par des mesures préventives. Il est absurde, stérile, et même très dangereux, de prétendre que le Parti et l'Internationale sont mystérieusement assurés contre toute rechute ou tendance à la rechute dans l'opportunisme, ce qui peut dépendre des changements objectifs ou du jeu des survivances social-démocratiques. Il faut, au contraire, admettre dans la solution de nos problèmes que toute différence d'opinion qui n'est pas le produit d'un défaitisme personnel peut être, dans son développement, utile à sauvegarder le parti et le prolétariat en général, contre de graves dangers. Si ces derniers s'accentuaient, la différence prendrait inévitablement, mais utilement, la forme de fraction, ce qui amènerait à des scissions, non à cause du manque de répression de la part des dirigeants, mais seulement dans la possibilité problématique de la faillite du parti et de sa subordination à des influences contre-révolutionnaires.

Un exemple de la fausse méthode : on peut le retrouver dans les solutions artificielles données à la situation du parti allemand après la crise opportuniste de 23. Ces solutions, qui n'ont pas réussi à éliminer le fractionnisme, ont entravé la création spontanée au sein d'un prolétariat aussi évolué que le prolétariat allemand, d'une juste réaction ouvrière et révolutionnaire contre la dégénérescence du Parti allemand.

Le danger de l'influence bourgeoise sur le parti de classe ne se présente pas historiquement sous la forme de l'organisation d'une fraction, mais sous la forme d'une pénétration habile, aux allures démagogiques et unitaires, qui opère d'en haut pour comprimer les initiatives de l'avant-garde révolutionnaire. Ce n'est pas la queston de discipline contre les tentatives de fractions qui saurait écarter un facteur opportuniste aussi dangereux. C'est, au contraire, l'orientation du Parti et du prolétariat contre un tel danger au moment même où il se présente sous l'aspect de déviation doctrinale et tactique.

Un des aspects négatifs de la soi-disant bolchevisation réside dans la substitution à la préparation politique du parti, qui seulement saurait nous amener à la centralisation réelle d'une action extérieure pressante, des formules mécaniques de l'unité pour l'unité, et de la discipline pour la discipline. Les résultats de cette méthode endommagent le parti et le prolétariat et retardent la réalisation du « Vrai Parti Communiste ». Cette méthode, appliquée dans plusieurs sections de l'Internationale, est par elle-même une forme d'opportunisme latent. Dans la situation actuelle, dans le Comintern, la nécessité d'une opposition internationale de gauche n'est pas immédiate, mais elle pourrait le devenir avec le développement accentué des facteurs opportunistes que nous venons d'indiquer. Dans ce cas, la formation d'une opposition sera un effet spontané de la situation, et une nécessité révolutionnaire.

6° Question de tactique jusqu'au 5° Congrés

Pour la solution des problèmes de tactique qui se sont posés dans toute l'Internationale, il y a eu des fautes semblables, en général, aux fautes d'organisation. Elles naissent, en général, comme ces dernières, de la prétention de déduire tout de la solution des problèmes résolus par le Parti Communiste Russe.

La tactique du front unique n'est pas à interpréter comme une coalition politique avec les autres partis soi-disant ouvriers, mais comme une utilisation des revendications immédiates, dans le but d'augmenter l'influence du Parti Communiste sur les masses, sans compromettre son indépendance.

Il faudra, par conséquent, choisir comme base du front unique ces organismes prolétariens où les ouvriers entrent par nécessité sociale et indépendamment de leur encadrement à la suite d'un parti organisé. Cela sera fait avec le double but de garder intégralement le droit de critique politique du Parti Communiste sur les autres Partis et de permettre à ces derniers, par la conquête progressive des masses, des mots d'ordre successifs du Parti pour les mobiliser finalement sur son programme, et sous sa direction exclusive.

L'expérience a démontré maintes fois que la seule façon d'assurer l'application révolutionnaire du front unique réside dans le rejet des coalitions politiques permanentes ou transitoires, et des comités de direction de la lutte comprenant les représentants des différents partis politiques, et même le système des pourparlers, propositions, et lettres ouvertes aux autres partis.

La pratique a démontré stériles ces méthodes, en rendant vains leurs effets certains, après l'abus qu'on en a fait.

Le front unique, qui prend comme base une revendication centrale concernant le pouvoir d'Etat, devient la tactique du Gouvernement Ouvrier. Tactique non seulement erronée, mais contraire aux principes communistes. Si le Parti lance un mot d'ordre que signifie l'avènement du prolétariat au pouvoir par les organismes propres de l'appareil gouvernemental bourgeois et si même il n'exclut pas d'une façon nette une telle éventualité, le programme communiste est abandonné et démenti. La révision à laquelle le 5e Congrès a soumis cette tactique après la défaite allemande n'a pas été satisfaisante, et les expériences postérieures justifient la proposition d'abandon de ce mot d'ordre, même comme simple formule d'agitation.

Par rapport au problème d'Etat, le Parti n'a qu'un mot d'ordre : la dictature du prolétariat, car il n'y a pas d'autre gouvernement ouvrier. Sinon, on aboutit à l'opportunisme, et l'on accorde le soutien ou participe même au gouvernement soi-disant ouvrier de la classe bourgeoise.

Cela n'est pas en contradiction avec le mot d'ordre : tout le pouvoir aux Soviets et aux organismes du type des Soviets (représentations élues par les travailleurs exclusivement), même lorsqu'en de tels organismes dominent les partis opportunistes. Ces Partis sont contre l'avènement au pouvoir des organes du prolétariat, car il s'agirait de la dictature prolétarienne elle-même, par l'exclusion des non travailleurs des organes électifs du pouvoir, dictature que seul le parti communiste pourra diriger. Il n'est pas nécessaire, et nous ne le proposons pas, de substituer à l'expression « Dictature du Prolétariat », l'expression synonyme « Gouvernement du Parti Communiste ».

7° Question de la nouvelle tactique

Le front unique et le Gouvernement ouvrier se justifiaient ainsi : pour notre victoire, il ne suffit pas d'avoir des partis communistes, il faut conquérir les masses. Pour aboutir, il faut battre l'influence des social-démocrates sur le terrain des revendications compréhensibles pour tous les travailleurs.

Aujourd'hui, on a changé, et on élargit dangereusement la question : pour notre victoire, il faut d'abord obtenir que la bourgeoisie gouverne avec plus libéralisme et de souplesse, ou bien que les classes moyennes gouvernent, de sorte que notre préparation soit tolérée. La deuxième conception, en admettant comme possible un gouvernement autonome de la classe moyenne, équivaut à une révision de la doctrine de Marx et se place par conséquent sur la même plateforme contre-révolutionnaire que le réformiste.

La première conception veut préciser seulement les conditions qui nous permettent de développer au mieux notre tâche d'agitation et d'organisation. On a déjà parlé de cette dernière conception dans la critique du « situationnisme ». Tout nous laisse prévoir que la démocratie bourgeoise, en s'opposant ou bien en s'unissant à la méthode fasciste, évoluera dans le sens de ne pas accorder de garanties juridiques, même à son pseudo-égalitarisme. Le parti communiste, en les niant dans son programme, se met aussi nettement en dehors d'elles. Il garde de la sorte une plateforme stable de lutte contre tous les gouvernements de gauche. La « Liberté » donnée au prolétariat n'est rien que la liberté pour les agents contre-révolutionnaires de l'agiter et de l'organiser. La seule liberté du prolétariat réside dans sa dictature.

Mais, même si l'on admet qu'un gouvernement de gauche peut nous être de quelque utlité transitoire, on a déjà fait remarquer que cela ne se peut que si l'autonomie du parti a toujours été, du commencement à la fin, absolument claire. Nous ne voulons pas, ici, attribuer une habileté diabolique à la bourgeoisie, mais nous avons la certitude, sans laquelle on ne saurait s'appeler communiste, que la dernière lutte verra contre les conquêtes du prolétariat le front unique de toutes les forces bourgeoises, qu'elles soient personnifiées par Hindenburg, Mac Donald, Mussolini ou Noske, Blum ou Taittinger. Si nous contribuons à ce que le prolétariat fasse une distinction entre ses ennemis acharnés et les éléments apparemment, hypocritement favorables, nous aurons apporté dans la lutte un élément de défaite de la classe ouvrière, tandis que toute fissure dans le front bourgeois aurait pu être, dans le cas contraire, un élément de victoire, grâce à l'unité révolutionnaire du prolétariat. Nous croyons, partant de ces considérations, qu'il faut déclarer inacceptables la tactique préconisée en Allemagne après les élections Hindenbourg, d'alliance électorale avec la social-démocratie, ou d'autres partis républicains, c'est-à-dire bourgeois, comme d'entente parlementaire au Landtag de Prusse et la tactique tendant à favoriser le cartel des gauches adoptée en France pendant les dernières élections municipales et cantonales (tactique de Clichy). D'après les thèses du II° Congrès mondial sur le parlementarisme révolutionnaire, le parti devrait logiquement descendre sur le terrain électoral et parlementaire avec une position parfaitement indépendante.

Les récentes manifestations que nous venons de rappeler, présentent une analogie historique, sinon complète, tout à fait évidente, avec les méthodes traditionnelles de bloc et de collaborationnisme adoptées dans la II° Internationale, méthodes que l'on prétendait justifier au nom du marxisme. Ces méthodes représentent un danger effectif et actuel pour l'idéologie et l'organisation de l'Internationale. Il faut ajouter qu'elles ne sont autorisées par aucune délibération des congrès internationaux, et par les thèses tactiques du 3° Congrès non plus.

8° Question syndicale

L'Internationale a changé plusieurs fois sa conception des rapports entre les organismes politiques et économiques sur le terrain mondial. C'est là un exemple remarquable de la méthode, qui plutôt que faire découler des principes les actions particulières, favorise l'improvisation de théories nouvelles et différentes pour justifier des actions en vue de succès immédiats.

On discuta d'abord l'admission des syndicats dans l'Internationale Communiste, ensuite on constitua une Internationale Syndicale rouge. On affirma d'abord que si le Parti Communiste doit lutter pour l'unité syndicale où il réalise un plus large contact avec les masses, sauf lorsque la scission a été faite par les jaunes. On ne pouvait pas, dans l'Internationale, considérer le bureau d'Amsterdam comme un organisme des masses ouvrières, mais comme un organe politique de la Société des Nations.

Mais ensuite, pour des motifs certainement importants, nés d'un projet d'utilisation du mouvement syndical anglais de gauche, on a préconisé le renoncement à l'I.S.R. Et la lutte pour l'unité syndicale internationale avec

Amsterdam a justifié qu'un si grave changement n'est pas acceptable en considération de la modification des situations, car la question des rapports entre des organismes internationaux, politiques et syndicaux est une question de principe, se réduisant à celle des rapports entre parti et classe pour la mobilisation révolutionnaire. Il faut ajouter que les garanties statutaires ne furent pas non plus respectées : on plaça les organes dirigeants internationaux devant le fait accompli.

Tout en maintenant le mot d'ordre : Moscou contre Amsterdam, on pouvait engager la lutte pour l'unité syndicale dans chaque nation. En effet, on a pu liquider les tendances scissionnistes dans les syndicats d'Italie, d'Allemagne seulement en enlevant aux scissionnistes l'argument qu'on empêchait le prolétariat de se soustraire à l'influence de l'Internationale d'Amsterdam. Au contraire, l'adhésion enthousiaste de notre Parti Français à l'idée d'unité syndicale mondiale ne l'empêche pas de démontrer une incapacité absolue à traiter dans un esprit unitaire, le problème de l'unité nationale. Il ne faut pas écarter l'utilité d'une tactique de front unique mondial avec tous les organismes syndicaux, même adhérents à Amsterdam.

9°. Question paysanne

La question paysanne est précisée fondamentalement par les thèses de Lénine au 2e Congrès de l'Internationale. La pensée générale de Lénine consiste tout d'abord dans la rectification historique du problème de la production agricole dans le système marxiste. Les éléments de la socialisation des entreprises manquent dans l'économie agricole tandis qu'elles sont déjà mûres dans l'économie industrielle. Ce n'est pas là une raison pour exclure l'imminence de la révolution, qui seule pourra résoudre cette contradiction du système capitaliste. Ce n'est que par la révolution que le paysan pauvre pourra, sous la direction du prolétariat, se soustraire au système d'exploitation des propriétaires fonciers de la bourgeoisie, même si cette émancipation ne coïncide pas avec une transformation générale de l'économie paysanne.

La grande propriété foncière, tout en étant telle juridiquement, est pourtant techniquement composée de très petites entreprises productives. Lorsqu'on aura brisé les super-structures légales, on se trouvera en présence de la répartition de la terre entre les paysans, ce qui, en réalité, n'est que la libération des petites entreprises déjà divisées sous le régime d'exploitation commune. Cette répartition ne se réalise qu'après avoir brisé, révolutionnairement, les rapports de propriété. Ce n'est que le prolétariat industriel qui pourra réaliser la suppression des rapports de propriété existants, car il n'est pas seulement comme le paysan une victime du système de production, mais le facteur historique formé par ce système pour le passage à un nouveau mode de rapports sociaux.

Partant, le prolétariat trouvera une aide précieuse dans l'insurrection du paysan pauvre, mais il est défini dans les conclusions tactiques de Lénine : 1° la différence fondamentale dans les rapports entre le prolétariat, la paysannerie, et les couches réactionnaires de l'économie métropolitaine, représentées surtout par les partis social-démocrates, et 2° la conception de l'hégémonie de la classe ouvrière dans le processus révolutionnaire.

Le paysan, au moment de la conquête du pouvoir, se présente comme un facteur révolutionnaire. Mais, si dans la révolution, son idéologie se modifie, s'oppose aux vieilles formes d'autorité et de légalité, elle demeure dans les traditions de la petite entreprise isolée, en concurrence avec les autres. De la sorte, le paysan reste un grave danger pour l'édification de l'économie socialiste, à laquelle il ne pourra être intéressé que par un grand essor des forces productives de la technique agricole.

D'après Lénine, le prolétariat agricole qui n'est pas lié à la terre doit être encadré dans le prolétariat industriel, tandis que l'alliance avec le paysan pauvre, travaillant lui-même sa terre, ou une partie insuffisante de terre, devient un moyen de simple neutralisation du paysan moyen, qui a les caractères d'une victime de certains rapports capitalistes, et en même temps, ceux d'exploiteur de main-d'œuvre. Ces derniers caractères sont proéminents dans le paysan riche, ennemi direct de la révolution. L'Internationale doit éviter les fautes de l'application de la tactique dans la question paysanne. En France, par exemple, nous avons vu se former une tendance à concevoir une révolution originale des paysans, placée au même niveau que celle des ouvriers, ou bien la thèse que la mobilisation révolutionnaire des ouvriers peut être déterminée par une insurrection de la campagne, ce qui est contraire au rapport exact des forces.

Le paysan, acceptant le programme des communistes, et susceptible d'être organisé politiquement, doit devenir membre du parti communiste. Par cela, on empêchera la formation de partis paysans, tombant inévitablement sous l'influence de la contre-révolution.

Le Krestintern doit englober les organisations de paysans, semblables aux syndicats prolétariens, en acceptant les adhésions de tous ceux qui se trouvent dans une certaine position économique. La tactique des négociations politiques avec les partis paysans et de la constitution de fractions dans leur sein, même afin de les démolir, est à repousser.

Cela n'est pas contraire aux rapports établis entre bolchéviks et social-révolutionnaires pendant la période de la guerre civile, et quand déjà existaient les nouvelles institutions représentatives du prolétariat et des paysans.

10° Question nationale

Sur le mouvement des populations des pays coloniaux et de quelques pays exceptionnellement arriérés, Lénine a également apporté des clartés nécessaires. Même avant la maturité des rapports de l'actuelle lutte des classes, développée par les facteurs économiques indigènes aussi bien que par les nouveaux facteurs importés par l'expansion du capitalisme, se posent des revendications qui ne sont solubles que par une lutte insurrectionnelle, et par la défaite de l'impérialisme mondial. Quand cette maturité sera complète, la lutte pourra se déchaîner, à l'époque de la révolution prolétarienne. Elle aura pourtant non les aspects d'un conflit de classes, mais de races et de nationalités. Dans la conception de Lénine, la direction de la lutte mondiale par les organes du prolétariat révolutionnaire, la provocation de la lutte de classe dans les milieux indigènes, de la constitution et le développement indépendant du Parti Communiste local sont fondamentales. Cette évaluation des rapports avec les mouvements nationaux dans les pays où le régime capitaliste et l'appareil étatique bourgeois ont été déjà constitués, représente un danger, en ce que la question nationale et l'idéologie patriotique sont des expédients contre-révolutionnaires pour le désarmement du prolétariat. Par exemple, nous pouvons relever ces déviations dans les notoires concessions de Radek aux nationalistes allemands, qui luttaient contre l'occupation interalliée. En Tchéco-Slovaquie, le mot d'ordre de l'Internationale devait être la suppression de toute forme d'organisations causée par dualisme national, car les deux races sont à la même hauteur historique et le milieu économique commun tout à fait évolué.

L'élévation à la hauteur d'un principe, de la lutte des minorités nationales par elles-mêmes est une déformation de la conception communiste. C'est par des considérations très diverses que l'on peut distinguer si une lutte pareille présente des possibilités révolutionnaires.

11° Question russe

La façon dont a été posée la nouvelle politique économique dans l'Etat russe ressort très claire, surtout du discours de Lénine en 1921, et du rapport de Trotzky au 4e Congrès mondial. Etant données les prémisses de l'économie russe et le fait que, dans les autres pays, la bourgeoisie reste au pouvoir, on n'aurait pu poser d'autre façon, au point de vue marxiste, la perspective du développement de la révolution mondiale et de la construction de l'économie socialiste. Les graves difficultés de la politique gouvernementale russe dans les rapports intérieurs des forces sociales, et dans les problèmes de la technique productive, ainsi que dans les rapports avec l'étranger, ont donné lieu à des différends successifs au sein du P.C.R. Sur de tels différends, il faut surtout déplorer que le mouvement communiste mondial n'ait pas trouvé le moyen de se prononcer avec plus de sérieux et d'autorité.

Dans la première discussion avec Trotzky, étaient

indubitablement justifiées les considérations de ce dernier sur la vie intérieure du parti et sur son cours nouveau. Nettement prolétariennes et révolutionnaires, étaient également ses considérations sur le développement de la nouvelle politique économique de l'Etat pris dans son ensemble. Dans la deuxième discussion, les réflexions de Trotzky sur les fautes de l'Internationale et la démonstration que la meilleure tradition bolchevique n'est pas en faveur des thèses prévalant dans la direction du Comintern, n'étaient pas moins justifiées. Les effets du débat au sein du parti furent artificiels et non spontanés, à cause de la méthode bien connue de placer au premier plan l'intimidation antifractionniste, et bien pis encore, antibonapartiste, campée absolument dans le vide.

Quant à la dernière discussion, il faut tout d'abord remarquer qu'elle consiste en problèmes internationaux, que le fait de se prononcer sur elle-même, de la part d'une majorité du Parti Communiste Russe ne peut être alléguée comme un argument contre la discussion et la délibération dans l'Internationale, même si l'opposition vaincue renonce à une telle requête.

Comme dans d'autres cas, la procédure et la discipline étouffent la substance de la discussion. Il ne s'agit pas de la défense des droits outragés d'une minorité, laquelle, au moins par ses chefs, partage la même responsabilité des nombreuses fautes de l'Internationale, mais il s'agit de questions vitales pour le mouvement mondial. La question russe doit être posée dans les termes suivants : Dans l'économie russe on rencontre, d'après Lénine, des éléments pré-bourgeois, bourgeois, tel que le capitalisme d'Etat et socialistes; la grande industrie nationalisée et socialisée sous la direction de l'Etat politiquement prolétarien. La distribution de ses produits se fait dans la forme capitaliste, c'est-à-dire par le mécanisme du marché libre. On ne saurait nier que ce système maintient les ouvriers dans une condition économique peu florissante. Il évolue en même temps que s'effectue un accroissement de la plus-value, ce qui peut se faire grâce aux prix des denrées alimentaires payés par les ouvriers, aux prix payés par l'Etat et aux conditions obtenues par l'Etat dans les achats, les concessions, le commerce et tous autres rapports avec le capitalisme étranger.

Il faut aussi poser la question : savoir s'il y a progression ou recul des éléments socialistes dans l'économie russe, et ce problème se pose comme un problème de rendement technique et de bonne organisation de l'industrie de l'Etat. Il faut affirmer impossible dans un seul pays l'édification du socialisme intégral dans la production et la distribution de l'industrie et de l'agriculture. Un progressif développement des éléments socialistes dans l'économie russe est, au contraire, possible. Ce serait la faillite du plan contre-révolutionnaire qui compte sur les paysans riches et la nouvelle bourgeoisie et petite bourgeoisie, et les puissances capitalistes.

Ce plan peut prendre, soit la forme d'une agression à l'intérieur, soit la forme contre-révolutionnaire d'une absorption progressive de la vie sociale et gouvernementale russe, pour la préparer à une évolutiin qui lui fera perdre ses caractères prolétariens.

La lutte contre ce danger ne peut se dérouler avec succès que par la contribution de tous les partis de l'Internationale. Il s'agit surtout d'assurer à la Russie prolétarienne et au Parti Communiste Russe le soutien actif et énergique de l'avant-garde prolétarienne des pays impérialistes. Il ne faut pas que ces derniers agissent seulement dans le sens d'empêcher les agressions et d'exercer une pression en faveur des rapports des Etats bourgeois avec la Russie, mais surtout que les partis frères apportent leur collaboration à la solution des problème du P.C.R. Ils n'ont pas, c'est vrai, une expérience directe des problèmes du pouvoir, mais malgré cela, ils apporteront là un élément prolétarien et révolutionnaire dérivé directement de la réalité de la lutte des classes.

Par ce que l'on vient d'affirmer, on voit que les rapports intérieurs de l'Internationale ne correspondent pas à cette tâche. Des modifications urgentes sont nécessaires, surtout dans le sens contraire aux exagérations d'organisation tactiques et politiques, de la soi-disant bolchevisation.

La dernière discussion de l'Exécutif élargi et les systèmes qui y ont prédominé ne sauraient représenter, même dans les promesses faites, un progrès vers ces modifications, plus que jamais nécessaires. Sur ce terrain, ainsi que sur les autres, notre critique est à maintenir intégralement.

III. — QUESTIONS FRANÇAISES

(Dans cette partie des thèses, nous allons suivre le même plan de la « Résolution sur la question française » adoptée par la dernière session du Comité Exécutif élargi de l'Internationale Communiste, bien que la disposition de ce document ne soit pas la plus parfaite.)

1° La situation économique

Le développement économique de la France après la grande guerre est caractérisé par l'industrialisation accélérée et le type du grand capitalisme. La situation actuelle est une situation de crise, qui se manifeste par l'inflation et par les difficultés du budget de l'Etat. Cette crise n'est pas encore une crise de la production et de l'industrie en général, mais elle ne manquera pas de le devenir dans quelque temps. Pour le moment, le renchérissement de la vie atteint durement les classes moyennes qui auparavant jouissaient en général d'une situation favorable, et le prolétariat qui voit baisser progressivement le niveau réel des salaires. Mais à présent et pour une période ultérieure, dont il n'est pas possible d'apprécier la longueur, la classe ouvrière ne souffrira pas du chômage; on peut constater partout la présence en France de larges masses d'ouvriers étrangers. Sans prévoir un développement gigantesque de l'inflation et la chute désastreuse du franc, on doit s'attendre à l'ouverture de la période de chômage qui aggravera davantage la situation de la classe ouvrière.

2° La situation politique

L'évolution économique de l'après-guerre qui vient d'être indiquée ne doit pas être considérée comme le passage de la domination politique des couches petites-bourgeoises à celle de la grande bourgeoisie.

Le régime politique parlementaire est un régime parfaitement capitaliste et correspondant aux intérêts de la grande bourgeoisie mieux qu'à ceux de toute autre classe et couche sociale. La politique née du passage du second Empire à la troisième République, pour ne pas remonter plus loin, ne peut pas être interprétée comme la victoire de la petite bourgeoisie, mais constitue une base solide pour le développement capitaliste impérialiste moderne. Le schéma représentant la lutte parlementaire entre le Bloc National et le Cartel des Gauches comme le conflit pour le pouvoir entre la grande bourgeoisie et les classes moyennes est faux, ces dernières étant incapables de posséder un régime politique indépendant, et le Parlement n'étant pas, pour la critique marxiste, le lieu où des classes différentes perdent ou gagnent le pouvoir, mais au contraire l'organe propre pour l'exercice et la défense du pouvoir de la bourgeoisie capitaliste.

Le phénomène politique du libre jeu parlementaire des partis démocratiques et radicaux ne correspond pas à une espèce d'abdication politique de la classe capitaliste, mais plutôt à une phase et à une allure particulière de son action contre la classe prolétarienne et le danger révolutionnaire. En cette phase, l'arme principale de cette lutte est la subordination de l'idéologie ouvrière à des formules et des organisations qui sont le produit original des milieux petit-bourgeois, mais en réalité correspondent aux buts et à la manœuvre de la classe capitaliste dirigeante, solidement installée non seulement dans une majorité parlementaire, mais à la tête de toute la machine de l'Etat.

Cette méthode n'est pas la seule méthode de lutte de la bourgeoisie, et il est très possible que, la crise économique s'élargissant, et une offensive patronale se dessinant, on constate un changement complet de programme dans le domaine politique. Cette phase de politique de droite pourra présenter des analogies avec le fascisme italien, et certainement l'appréciation de l'expérience italienne est très utile pour l'analyse de la politique française actuelle. Il est maintenant clair pour l'Italie que les explications du fascisme comme la lutte de l'intérieur de la bourgeoisie étaient fausses. Le fascisme d'un côté n'était pas une réaction des grands propriétaires fonciers contre les patrons industriels, étant donné que ceux-ci sont aujourd'hui les véritables maîtres du gouvernement fasciste, et de l'autre côté le fascisme n'est pas un mouvement politique original se basant sur les classes moyennes, car elles se sont laissées mobiliser par les hautes couches bourgeoises, dans l'intérêt de ces derniers, et sous leur direction absolue. Mais le fascisme italien ne s'explique pas non plus comme la cessation d'une domination petite-bourgeoise personnifiée par Nitti, Giolitti, etc. Ceux-ci, aussi bien que les fascistes, étaient liés au capitalisme, et leur politique, défensive mais habile, contre la vague révolutionnaire, était la préparation du triomphe fasciste.

Les diverses conditions qui ont donné naissance au fascisme en Italie se vérifient en France à des degrés bien différents. Nous avons en France une idéologie patriotique et une tradition de victoire militaire très nettes, bien que sur une base politique plus large dûe aux souvenirs d'une droite monarchiste et catholique. Nous avons aussi des précédents du passage de leaders révolutionnaires, le plus souvent à tendance anarchisante, au drapeau de la réaction. Nous avons encore une crise économique qui s'avance, et qui suggère à la bourgeoisie une concentration de forces défensives, de même qu'elle ébranle les couches sociales moyennes et tire de leur sein une foule de déclassés offrant la possibilité de grands groupements des éléments humains dans des organisations nouvelles. S'il y a tout cela, d'autre côté il manque une condition fondamentale, c'est-à-dire le fait d'une grande menace révolutionnaire, d'une offensive prolétarienne qui aurait donné à la classe bourgeoise l'impression de se trouver au bord de l'abîme, non seulement par la force des contradictions internes de son régime, mais aussi de celui de l'attaque débordante des exploités.

Tout cela ne s'étant pas encore vérifié comme en Italie en 1919, nous ne pouvons pas affirmer que « le fascisme est là », et les manifestations et organisations à type fasciste qui viennent de se présenter, si elles méritent toute notre attention, doivent jusqu'à présent être considérées comme purement embryonnaires. Au cours de la crise, nous avons tout le droit de nous attendre qu'avant ce réveil belliqueux du capitalisme qu'est le fascisme, le prolétariat se réveille de son côté, imposant son hégémonie à ces facteurs de second ordre que sont les classes moyennes, et conduisant son attaque avec plus de succès que la classe ouvrière italienne.

En tout cas il doit être bien clair que si le fascisme surgit, il ne sera pas la même chose que le retour au pouvoir de la droite traditionnelle et poincariste, mais une forme nouvelle, qui unira aux procédés bien connus de la violence réactionnaire et de suppression des pseudo-libertés publiques des procédés nouveaux, empruntés aux leçons de l'histoire et de la lutte des classes, en doublant la machine d'Etat d'organisations extra-légales de combat, en utilisant quelques-unes des ruses démagogiques de la politique de « gauche » démocrate et social-démocrate.

Ce qui est essentiel, c'est de comprendre que le plan fasciste est en première ligne un plan contre le prolétariat et la révolution socialiste, que c'est donc aux ouvriers de dévancer ou de repousser son attaque. C'est une conception erronée que de considérer le fascisme comme une croisade contre la démocratie bourgeoise, l'état parlementaire, les couches petites-bourgeoises et leurs hommes et partis politiques tenant la barre du pouvoir. Le schéma faux de la situation française et de sa perspective consiste dans la « guerre sainte » qui serait déclanchée contre le « danger » fasciste par la « démocratie » et son dernier mannequin, le Bloc des Gauches, en mobilisant les forces de l'Etat contre les premières forces fascistes « illégales ». Selon cette idée, le prolétariat ne devrait que donner l'alarme, prendre « l'initiative » — en voilà un mot à la mode — de cette lutte antifasciste, se battre avec les autres pour défendre les avantages d'un gouvernement « de gauche », considérer comme but victorieux la faillite du fascisme en France, en réservant d'autres actions et d'autres conquêtes à lui seulement comme un deuxième acte de la lutte, comme l'effet d'une prétendue stratégie qui lui ferait dévoiler à ses alliés de l'antifascisme, mais — entendons-nous bien ! — seulement après coup, l'arrière-pensée de conquérir le pouvoir pour lui-même, la revendication de sa dictature...

Les choses sont bien autrement. Si le fascisme nous menace de près en France, ce sera parce que la révolution prolétarienne menacera la France bourgeoise droitière et démocratique tout à la fois. En ce moment là sans doute, les couches moyennes joueront un rôle, mais dans le sens qu'elles se rangeront avec celle des deux classes ennemies qui saura se montrer la plus forte et la plus capable de vaincre et de réorganiser, selon son programme historique, la vie sociale. La défense d'un *statu quo* ou bien l'expression d'antifascisme négatif à la place de l'anticapitalisme positif, sous prétexte de populariser *avant* — avant quoi ? — le parti prolétarien, sont dans une telle situation décisive, tout simplement réactionnaires.

3° Le role du prolétariat et du parti

Malgré toutes les tirades sur la France petite bourgeoise et paysanne la classe ouvrière française par son importance numérique et par ses traditions historiques est l'élément central de la situation actuelle et de la lutte sociale. L'expérience des erreurs de l'opportunisme social démocrate et aussi du syndicalisme anarchiste est en France bien riche pour donner des bases à la réorganisation des forces révolutionnaires de première ligne dans le parti communiste et sous la direction de celui-ci.

La tactique démocratique comme la tactique fasciste du capitalisme ont un but commun: éviter par tous les moyens l'action générale, unique, de la classe ouvrière sur toutes les questions soulevées par les situations: car dans ce cas les armes défensives de l'état bourgeois peuvent se révéler insuffisantes. Pour l'action unique de la classe ouvrière il faut entendre non le lieu commun d'un bloc de différentes organisations et mouvements politiques avec une direction centrale mixte et fictive, mais l'entrée en lutte du prolétariat dans toutes les villes et les villages, sans exceptions de catégories et de métiers: ce mouvement pouvant vaincre seulement si on parvient à l'animer par un programme unique et précis sous la direction d'un vrai parti révolutionnaire.

Pour atteindre ce résultat capitaliste, le Bloc des Gauches ménage des arrangements législatifs qui atténuent l'impression produite sur les masses par les épisodes et les tournants aigus de la crise, et à l'aide du parti socialiste et de la C. G. T. réformiste il fait ce qu'il peut pour localiser et isoler les conflits soulevés par les revendications prolétariennes.

Le Bloc fasciste de demain s'attacherait à cette besogne par une méthode différente, mais en complétant cette première manœuvre. Il s'efforcera de démolir le réseau d'organisations ouvrières, en frappant localité par localité avec des bandes armées qui sèmeront la terreur, en provoquant des luttes syndicales partielles offensives par branches d'industries successives et isolées. Si ce plan réussissait, les syndicats tomberaient l'un après l'autre, l'annulation des contrats de travail se renforçant de licenciements en masse, et l'engagement professionnelle et térritoriale pour une direction commune de l'action ouvrière viendrait à manquer.

LES CONDITIONS ACTUELLES NOUS SONT FAVORABLES POUR AGIR DANS LE SENS OPPOSÉ

Le chômage n'est pas encore commencé et les menaces contre les contrats syndicaux et les conditions de travail ne s'appuient pas sur une augmentation appréciable de l'offre de main d'œuvre par rapport à la demande. Nous ne sommes donc pas dans une conjoncture économique favorisant la dissolution de l'organisation ouvrière.

La première tâche pour exploiter la crise dans un sens révolutionnaire et de lutter contre le fascisme de toute sorte, est de défendre et d'étendre l'organisation ouvrière. Les syndicats, c'est un fait notoire, ne groupent qu'une minorité de la classe ouvrière, même dans les centres les plus industriels. Le parti communiste doit lutter contre cet état de choses en travaillant à la réorganisation et au recrutement syndicaux. Il doit soutenir le principe de l'organisation syndicale nationale unique, et faire tout le possible, dans les faits, pour avoir sur cette organisation unique le maximum d'influence.

Le parti doit envisager une action générale prolétarienne contre l'offensive patronale demain fasciste, dans laquelle, les plus larges masses entreront en lutte, — la direction de la lutte étant assurée au parti communiste et soustraite ainsi au danger bien connu d'une révocation par en haut de l'ordre de mouvement, — le moment de l'action choisi après l'étude de la situation et surtout avant qu'une action bourgeoise de grand style se développe par la terreur locale ou par la défaite syndicale d'importantes catégories, — l'intervention prolétarienne n'étant effectuée ni trop tard ni prématurément, en la subordonnant aux exigences du jeu parlementaire.

C'est seulement sur cette base solide: action générale de la classe ouvrière forte organisation syndicale, influence décisive du parti communiste, que peuvent et doivent être résolus les problèmes de la mobilisation des alliés du prolétariat parmi les paysans pauvres et les autres couches exploitées.

4° L'ACTION DU PARTI DANS LE PASSÉ ET SES FAIBLESSES

Le mouvement ouvrier français a des défauts traditionnels bien connus contre lesquels devait réagir la formation, après la guerre, du P. C. adhérant à la III Internationale. Mais le P. C. F. n'a pas été et n'est pas ce qu'il devait être. Les causes en sont indiquées dans les critiques générales développées dans ce qui a été dit à propos de la politique et de la tactique de l'I C. La constitution du parti se fit à Tours sur des bases trop larges. On avait cru qu'en héritant un peu plus des éléments de l'ancien parti opportuniste, on aurait plus vite conquis une influence décisive en France. On sait que le bilan est défavorable: sans les succès que l'on s'attendait à enregistrer, sans la disparition du parti socialiste, nous avons vu une série de crises au sein du parti, dont il serait inutile de répéter l'histoire.

Tel qu'il est aujourd'hui le parti communiste français laisse beaucoup à désirer dans sa préparation idéologique marxiste, dans son organisation intérieure, dans sa politique, dans la formation surtout d'un centre dirigeant, capable d'interpréter les situations et leurs exigeances, de donner des mots d'ordre justes à l'ensemble du parti, de réaliser avec celui-ci une bonne liaison réciproque. Il n'y a pas lieu de s'étonner si, malgré les plans les plus rusés, il ne progresse pas en influence et surtout en sérieuse influence révolutionnaire dans les masses.

Le dernier Comité Exécutif Elargi de l'I. C. s'est occupé largement des « erreurs » de la direction du P. C. F. dans la dernière période, qui ont été qualifiées d'erreurs gauchistes. Il s'agit en réalité d'erreurs opportunistes et droitiers ce qui n'est nullement contredit par l'usage du verbalisme révolutionnaire jouant un rôle très large dans cette série de bêtises. C'est dans la politique du centre français qu'on trouve une sorte de « maximalisme » consistant, entre autres, à considérer la révolution imminente comme un beau cadeau que le généreux prolétariat de France fera un jour aux leaders communistes. La maladie opportuniste évidente dans le parti français n'est pas venue du dehors en s'appuyant sur une aile extrême du parti, mais elle a son siège justement dans l'appariel central du parti et dans ses groupes dirigeants. La cause de cette maladie doit être recherchée dans une large mesure dans cette méthode mauvaise du Comintern, par laquelle on veut souvent remplacer la formation de la doctrine, et des cadres du partis par des brevets donnés d'en haut d'une manière artificielle et bureaucratique. Par cette méthode la sélection des chefs du parti s'est faite à l'envers, non moins que son éducation et son entraînement révolutionnaire.

Le mauvais régime intérieur toléré et soutenu dans le parti a entravé la lutte contre la méfiance traditionnelle des ouvriers français à l'égard de l'action politique et des partis. Les deviations du Comintern en matière de tactique et ses interprétations contradictoires du front unique, ont empêché la liquidation des déviations nettement « maximalistes » représentées par Renoult (Daniel) en 1921. Pour les mêmes motifs le parti français n'a pas encore établi une politique juste sur la question des rapports avce les syndicats et sur la question paysanne, malgré l'admirable travail dont le camarade Trotsky avait jeté les bases dans les Congrès internationaux, en réagissant contre l'ensemble de préjugés petits-bourgeois, social démocrates, anarchistes, dont le mouvement français était pourri, et qui nous menacent aujourd'hui encore.

5° Le parti et les syndicats ....

La liaison correcte entre le parti communiste et les syndicats a été sans doute bien formulée maintes fois dans les textes. Mais les résultats de l'application demeurent négatifs. C'est que l'on s'y est très mal pris, en voulant accélérer peut-être le succès, en substituant à la formation d'une conscience et d'une pratique marxistes nouvelle une série de négociations et de ménagements mettant en danger les principes, avec les hommes et les groupements de l'ancien syndicalisme qui paraissaient plus concluants avec nos directives, mais qui en réalité ne s'adaptaient nullement d'une manière sérieuse au mouvement communiste, dont ils escomptaient le succès rapide. C'est pourquoi la solution des rapports entre parti et syndicat continue d'osciller à travers des compromis et des contradictions, comme d'ailleurs sur le terrain international. Sans posséder en France une organisation syndicale en fait dirigée sûrement par les communistes, nous sommes passés par la scission syndicale, et le nombre des ouvriers organisés reste tout-à-fait insuffisant.

Le parti doit avant tout soutenir sérieusement l'unité syndicale, l'organisation syndicale unique, sans conditions préalables visant les rapports officiels du syndicat et du parti. Sur ce terrain nous serions amenés à reconnaître que le syndicat reste « au dessus » des partis, que la lutte des courants d'opinion politiques dans son sein est un « mal » un facteur négatif qu'il faut s'engager mutuellement à éliminer, ce qui est contraire à notre tâche et à la nécessité révolutionnaire. Notre but doit être l'unité d'organisation syndicale, sans aucune formule de liaison officielle entre les organes syndicaux et le parti, mais avec un solide réseau de fractions communistes dans toute l'organisation syndicale, la soumission absolue au parti de ce réseau et de ces fractions, et la lutte pour que ces fractions deviennent la majorité, et confient les fonctions syndicales à des communistes appliquant strictement la politique du parti dans le travail syndical. Cette tâche ne doit pas être comprise comme une conquête de leaders et des fonctionnaires syndicaux et des bureaux syndicaux existants. Le personnel syndical traditionnel doit être, par l'œuvre du parti, élargi et renouvelé, avant de conquérir les secrétaires et même les syndiqués il s'agit d'organiser les ouvriers de former des chefs syndicaux par le travail des communistes, par l'initiative du parti, qui ne mettra pas avant son étiquette, mais montrera sa volonté de travailler pour la plus large organisation et la plus large action économique des travailleurs. Les Comités d'unité prolétarienne ne doivent pas être la base d'une nouvelle organisation en dehors et du parti et des syndicats et ils ne doivent pas présenter l'unité comme conditionnée par l'acceptation de programme communs sur tous les problèmes, par les communistes socialistes, syndicalistes, anarchistes, etc..., sans quoi on ne fera point de pas vers l'unité, mais vers le confusionnisme.

6° La tactique du parti

Il est évident que dans une situation qui peut être considérée comme le prologue de la situation révolutionnaire, le parti doit s'efforcer d'élargir son influence sur les masses. Il doit donc relier sa politique au revendications qui intéressent les travailleurs et les plus larges masses exploitées.

Mais la possibilité de compter pour la lutte finale sur la mobilisation aussi de certaines couches des classes moyennes ne doit pas nous suggérer une politique qui, par des formules équivoques sur la lutte et la solution du problème de l'état et de ses institutions, en séduisant peut-être des éléments petits bourgeois (très dangereux d'ailleurs quand il se voient désillusionnés par les faits) fairait perdre au prolétariat et au parti lui-même la notion claire du développement de la lutte et la ferme volonté de balayer les obstacles se présentant au tournant décisif, quand il s'agira de vaincre et de briser la machine de l'état bourgeois et de combattre les institutions politiques propres de la domination bourgeoise.

La soudure entre la lutte des ouvriers et celle des petits paysans et autres couches exploitées, de même qu'avec les populations opprimées par l'impérialisme, se pose historiquement pour le léninisme et ne se réduit pas à une espèce de vaine croisade pour « tout les affamés, tous les pauvres, tous les souffrants ». Les revendications de ces alliés du prolétariat sont incompatibles avec la domination politique bourgeoise, elles ne peut être satisfaites que par des moyens de lutte dépassant les moyens légaux. En propageant cela nous pouvons amener ces classes à se ranger aux côtés du prolétariat, en leur présentant celui-ci ce qu'il est en effet, comme la seule force capable de briser le cercle de fer. Mais si nous faisons l'agitation pour une action commune des ouvriers et des paysans ou encore des petits bourgeois des villes, en ne proclamant pas que l'alliance proposée ne peut être réalisée qu'en dehors des cadres du pouvoir bourgeois et par la lutte révolutionnaire et la guerre civile, alors nous tombons directement dans l'opportunisme.

Sans répéter ici ce qui est dit, largement dans la partie générale, il s'ensuit qu'il faut mettre de côté le mot d'ordre du gouvernement ouvrier et paysan, compris comme une solution pacifique et parlementaire, qui se distinguerait comme une troisième solution de celles du bloc de droite ét du Cartel des gauches. Laisser dans l'incertitude la portée de cette malheureuse formule, ce n'est pas remédier à la critique qu'on vient d'en faire, mais l'aggraver dans ses conséquences. Il faut dire que la solution politique présentée par le parti communiste est la dictature du proletariat, et une alliance avec d'autres couches exploités ne se réalisant: jamais au parlement avec les partis soi-disants représentants ces couches, jamais dans un Cartel de partis politiques à organes dirigeants mixtes, mais dans la lutte des rues, dans les démonstrations de masses, dans la grève générale, dans la révolte armée, et sur le terrain de la convocation des Soviets quand le moment de lancer un tel mot d'ordre sera venu.

Nous devons attirer l'avant-garde des ouvriers et même des rares représentants d'autres couches sociales qui sont sur notre terrain dans les rangs du parti et sous son influence, et ne pas nous proposer la formation d'ailes gauches communistes dans le parti socialiste, ou dans des partis politiques petits bourgeois des villes et des campagnes.

Les revendications compatibles avec l'ordre social capitaliste doivent être soutenues, mais en présentant leur satisfaction comme la tâche des organisations économiques et syndicales.

Les revendications théoriquement compatibles avec le régime bourgeois, mais rendues impossibles par le développement de la crise, doivent former l'objet d'une critique intense dans l'agitation du parti, mais ne pas devenir son programme de par le seul fait que les bourgeois de gauche et les social-traîtres les abandonnent : il faut montrer la faillite de toutes les garanties politiques et sociales que le régime actuel prétendait offrir aux travailleurs, mais ne pas prendre notre compte ce qui reste de cette banqueroute avec son bilan désastreux, sous prétexte de nous rendre populaire aux petits bourgeois désillusionnés. Le marxisme fut de leurs illusions le premier destructeurs, il ne peut pas en tenter le sauvetage lorsqu'elles sombrent sans gloire, mais en profiter pour passer, à ses propres solutions révolutionnaires. Le petit bourgeois convaincu que sa démocratie ne valait rien et qu'il faut se tourner vers une dictature révolutionnaire ou crever de faim à la merci des hauts profiteurs, devra être notre allié: mais cela ne veut pas dire que pour nous faire des alliés coûte que coûte nous ramènerons en arrière les ouvriers communistes sur un terrain de compromis et d'illusions stériles et défaitistes.

Quant aux revendications qui sortent nettement des cadres de l'ordre présent y comprises celles qui intéressent les paysans et les peuples opprimés, il faut les formuler ouvertement comme le programme de la dictature du prolétariat.

A quoi se réduit la tactique soi-disante bolchéviste à la mode? A taire les moyens nécessaires à une conquête donnée, qui pourraient effrayer certains éléments, pour mettre en avant la conquête elle-même, en se promettant, une fois celle-ci acceptée comme tâche par des nombreux suiveurs de faire comprendre par quelle méthode il faut y arriver. C'est du pur prémarxisme à type utopiste, correspondant à élaborer des beaux projets de réorganisation sociale, dans rien dire et rien préparer comme moyens historiques de réalisation. Et on ne peut pas dire que si les pauvres bougres ramassés un peu partout, des ronds de cuir aux boutiquiers, des petits rentiers aux retraités, ne savent pas comment les choses se passeront, nous le savons pour eux. Nous qui? Le prolétariat industriel, le partis, l'état major de celui-ci? C'est encore une preuve profonde d'antimarxisme que de s'imaginer que ces « personnes » et ces « sujets » peuvent rester exempts de toute corruption en dirigeant leur manœuvre compliquée.

La tactique du parti doit donc se baser:

Sur une proposition formelle d'action prolétarienne générale (grève générale) pour une série de revendications économiques: respect des contrats de travail, des huit heures, des salaires réels, etc.. etc...

Sur une agitation et une préparation visant ouvertement à la mobilisation progressive de la classe ouvrière française et des larges masses, ruinées par la crise autour du programme de la lutte révolutionnaire, de la république des conseils et de la dictature du prolétariat. Ceci doit être affirmé non seulement dans les textes théoriques et de propagande pure, mais dans toutes les manifestations politiques. Quand un problème nouveau divise les partisans de la politique droite fasciste et ceux du cartellisme de gauche, le parti communiste ne se bornera pas à « choisir » ce qu'il faut soutenir, mais se présentera comme le troisième facteur préconisant une solution indépendante et opposée aux deux premières.

Si par exemple des actes de terreur fascistes se produisent, la gauche demandant l'intervention légale contre les « criminels » et la droite s'y opposant, le parti communiste devra soutenir dans la presse au Parlement, et partout, la lutte directe antifasciste des ouvriers, leur armement, leur encadremnt militaire, la réponse par la violence à la violence. En même temps il proclamera que la « légalité » n'étranglera pas le fascisme, et que le tournant décisif sera celui où le prolétariat aura affaire à l'un et à l'autre des deux partis.

On peut se rappeler deux faits dans l'expérience italienne : le « pacte de pacification » avec les fascistes signé en 1921 par ceux-mêmes qui préconisaient la nonrésistance et l'intervention de la loi contre le « manganello » — la faillite de l'Aventin et l'erreur du parti communiste de s'être pratiquement, à certains moments décisifs, confondu avec lui, malgré une critique théorique froide n'atteignant pas les grandes masses.

Au lieu d'une campagne pour la dissolution des ligues fascistes par l'Etat, on fera donc une campagne pour la lutte des ouvriers contre ces ligues et contre les bandes armées. On devra se rappeler que lorsque le gouvernement, sous le prétexte de « l'ordre » proclamera des mesures pour le séquestre des armes et des munitions et l'interdiction des défilés militaires, les fascistes garderont leurs armes et leur encadrement contre un prolétariat qui restera pris au piège du désarmement et de la dissolution officiellement réclamés.

Il faut gagner tout le temps que la situation française nous laisse encore pour nous organiser politiquement, syndicalement, militairement, et aussi pour nous armer idéologiquement non moins que matériellement.

7° La situation intérieure du parti

Nous avons déjà dit notre pensée sur le groupe où les groupes dirigeants du parti. Une analyse ultérieure de leurs conflits intérieurs n'amènerait à rien d'utile, car il s'agit trop souvent de pure concurrence personnelle.

Le malaise dans le parti découle en première ligne du malaise dans l'Internationale et du mauvais régime intérieur de celle-ci. Le système des cellules s'est prêté en France mieux qu'ailleurs à une véritable stagnation de la masse du parti à la fin de toute contribution d'opinion et de travail des militants. Ces conséquences viennent aggraver les défauts connus du mouvement communiste en France. Mille arguments de détail montrent le mauvais résultat de cette ainsi dite bolchevisation.

Différents groupements d'opposition ont surgi dans le parti. Dans la résolution du C.C.E. de l'I.C., on fournit une vraie anthologie des blasphèmes de la droite et on l'indique comme le foyer de la corruption et de la dégénérescence du parti. Cette critique est pour les trois-quarts une critique vaine.

Il y avait un peu nécessité d'ériger la droite française en fantôme pour atténuer la pression des coups portés sur la gauche internationale. L'opportunisme et le liquidationnisme dans le parti français, il fallait les dénicher ailleurs. La droite en réalité est l'union de différents mécontentements dans lesquels il y avait bien souvent quelque chose de bon et d'utile. Certaines réactions saines à la mauvaise marche du parti pouvaient être, par une bien autre attitude, utilement choisies parmi ces manifestations, et beaucoup d'entre elles venaient de la meilleure source prolétarienne.

Ceci n'empêche pas qu'il soit indispensable de critiquer la ligne politique et idéologique des différents groupes composant la droite. Le groupe de la Révolution prolétarienne soutenant un retour à la doctrine syndicaliste pure, doit être très sérieusement combattu par une critique vigoureuse et claire. Mais il reste à faire au parti français bien des efforts pour avoir la possibilité de mener avec succès une telle critique. Les thèses des rédacteurs de la R.P. en fait d'interprétation économique comme de « praxis » prolétarienne sont foncièrement erronées et dangereuses.

Quant au groupe ainsi dit de Loriot, on a tort de faire fi de ses traditions révolutionnaires prolétariennes et de son adhésion spontanée aux directives du communisme dans la France empoisonnée des années de guerre, et de le confondre avec une manifestation de petits-bourgeois intellectuels, etc... Une grande partie de ce que ce groupe disait du cours intérieur dans le parti et des excès de bureaucratisme et soi-disant centralisme était juste. Mais il faut le combattre dans ses solutions tactiques, dans sa proposition de front unique politique avec la social-démocratie, erreurs graves, mais qui en large mesure tirent leur origine des absurdités stratégiques préconisées par la direction du parti pendant 1925 et du désarroi dans lequel le parti était ainsi jeté.

Pour Souvarine et le *Bulletin Communiste*, les précédents auraient dû conseiller à ceux qui avaient une certaine responsabilité de modérer les termes. Les excès polémiques de Souvarine, pour graves qu'ils étaient, ne fournissaient pas la preuve que l'homme qui autrefois avait représenté en France tout l'autorité de Moscou fût devenu un agent provocateur bourgeois. Ces excès sont plutôt le point d'arrivée d'une rupture avec certains systèmes de compression et d'étouffement constituant le mauvais cours intérieur actuel, et qui semble ne vouloir connaître que l'adhésion aveugle ou le blasphème scandaleux. Au dessus de la personne de Souvarine et de l'équité de la première mesure prise contre lui en 1924, il n'avait pas été sérieux que le Comintern reprît parmi ses chefs l'expulsé d'hier : ce qui est malheureux, c'est que le sort de Souvarine n'a pas été décidé en conséquence de ce principe, mal accepté ou ridiculisé dans nos cadres.

Le règlement de la situation intérieure dans le parti français ne se conçoit que comme une conséquence de la solution de ce problème dans l'Internationale qui, malgré certains engagements pris dans la dernière session du C.E.E., ne paraît pas très avancée.

Ce ne sera pas par un optimisme obstiné et prétentieux qu'on résoudra et pas même que l'on cachera les difficultés d'une telle situation.

C'est aux ouvriers français, aux militants communistes dévoués et sérieux de poser et d'imposer ce problème et d'apporter des contributions sérieuses à l'amélioration du régime intérieur dans le parti.

TABLE DES MATIERES

Contribution aux frais d'impression : **2 fr.**

www.ingramcontent.com/pod-product-compliance
Ingram Content Group UK Ltd.
Pitfield, Milton Keynes, MK11 3LW, UK
UKHW021945260726
13994UKWH00004B/1543

9 782329 087597